Poemas del amor y la muerte

Francisco José Pozo Cabello

Poemas del amor y la muerte
ISBN: 978-1-4477-1352-4
Primera edición de bolsillo: abril 2012
©*2012 Francisco José Pozo Cabello*

Uno

Hoy nos fuimos hacia una estrella distinta.
Lentamente se nos abrió el espacio
en dos llamas triunfales de la vida.

Se buscaron nuestros cuerpos
como dos perdidos hermanos
y nos vino el sexo
desde un planeta que estaba dormido.

La noche del universo
se pegó a nuestras almas
envuelta en su aureola infinita
y ardieron bajo el frío planetario
las flores del nuevo mundo.

Hoy, mujer, hemos partido lejos para
siempre
tendidos sobre nuestros propios besos,
respirándonos el triángulo nocturno.

4

Cuántas veces fuimos amándonos
con las alas de los pájaros celestes
buscando la hora última del tiempo.

Tú y yo, mujer, que habíamos cantado
con ellos al pecado y a la muerte
y vimos nacer el milagro de entre los
hombres,
nos fuimos hoy hacia otra estrella
y hemos pasado como lo hace el fuego
olvidándose de su propio dominio.

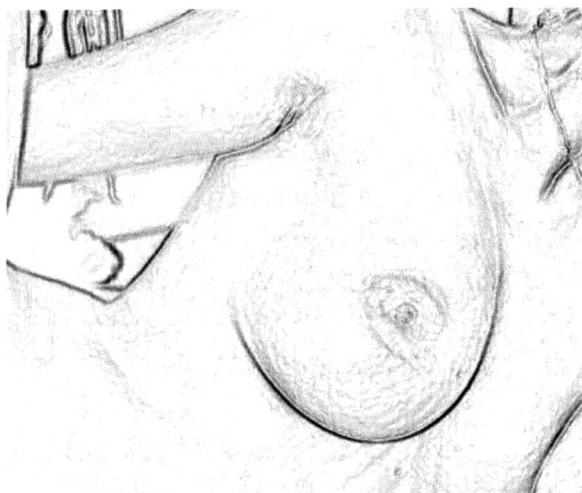

Dos

Aquí está tu nombre
acercándome las hierbas,
creciéndome.

Al pasar por esta calle
encuentras mi ventana abierta
y estableces en tu boca
una palabra de miel que para ti
elaboran las abejas del silencio.

Soy yo el que pone tu nombre
tendido sobre la más alta estrella;
el que corre por las calles, medio muerto,
buscando esa cara que se ha ido;
el que arroja piedras a la puerta de tu casa.

Ah, la pesadilla del hombre,
que pasa blanqueando las paredes,
me trae desde los cielos
un caballo, una mantilla de luto.

*Doy golpes con el puño
en las puertas de los amigos
y cuando entro en sus casas,
sus casas están vacías.
Y salgo corriendo, desesperado,
para que la lluvia me moje la cara
y encuentro en los charcos
las monedas con la cara de la soledad
y la cruz de la muerte.*

*Un profundo temblor me encadena las
manos
pero rompo las argollas de la vida
y me caigo ebrio en un papel
y sólo puedo escribir tu nombre.*

*Así es la vida. Así es la muerte.
Un charco donde se ahogan los besos.
Un cuerpo que todo lo llena
con la música del olvido
y con la misma materia
de la que yo hago tu recuerdo.*

Así es la vida.
Una copa que se desborda
con las gotas del amor,
una cortina de años que endurece a los
hombres
y los tira encima de una cama.
Un río con dos orillas
como tienen todos los ríos.
Una moneda con dos caras
como tiene la misma vida.
Algo tan dulce como un ánfora solitaria
y terrible como una despedida
o un adiós en la soledad.

Tres

La niña está durmiéndose
y le caen mis oídos
para escuchar la danza
de los ríos ocultos.

Qué importa si la aprieto con las manos
y aparece la antigua carne de los sueños.

Qué importa la vida entonces, que importa
cuando en su mitad me llaman hasta los
besos
que nunca nos llegaron.

En su pecho encontré yo el oro
que dormía esperando a nadie
pero tuve las alas del mundo
y sobre ella derramándome
doblé en el viento sus fuegos de hembra.

14

Ah, la vida mía.
Cómo puede el mandato de un dios
hacer que suenen las campanas.
Cómo las lluvias del cuerpo
pueden secarme la boca
y alejarme con la seducción de un nuevo
camino
hacia ese túnel de la muerte y el espanto.

Respirándola voy por los rincones de los
aires,
mirando su imagen de los sueños,
de los gemidos y las lágrimas.

Algo más traigo hasta ella
que la flor antigua de las soledades
en la que nacen tantos amores
formando cadenas de agua.

Ah, la vida mía.
Quién forjará la espada de oro
y te dará su lamento asesino.
Quién, sino yo, te traerá el grito de la noche
envuelto en un manto besado por el alba.

Quién encontrará la pasión
que te nació a ti en los brazos
y se ha perdido de pronto a mitad de la
carne.

Quién, vida mía.
Dímelo tú porque sabes
que en el pecho de los hombres
hay un canal tatuado
por donde navega la tristeza de las
amapolas.

En los sueños siempre la muerte y los dioses.
El grito siempre y las muchachas de oro.
La vida; la vida siempre pasándonos
como pájaros bajo las aguas.

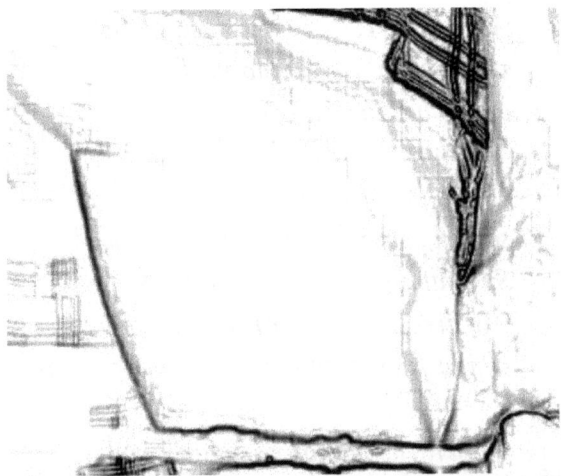

Cuatro

Las manos no te fueron creadas
para mendigar el tiempo de las alegrías.
Mujer, las estrellas de tus manos
viven cada día y cada noche
en los bosques de mi cuerpo;
allí en las islas de mi piel
donde las piedras del deseo
saltan sobre las cosas llenas de mi.
Se acumularon en el luto de mis labios.
Me arrastraron por los olvidados altares
con la fuerza adolescente de tus aguas.

Mujer, tus manos nacieron desnudas
y como la aurora más lejana
crearon el baile de los titanes
por entre los hilos negros
que hacia la vastedad de mis espaldas las
llevaron.
Son pájaros perdidos que me buscan.
Me invaden el laberinto de las carnes
como dos arañas grandes y ciegas.

Son diez relámpagos que mueren,
que tropiezan con las tinieblas
y caen sobre mi cuerpo
como dos gacelas malheridas.

Tienen el poder de las diez espadas;
son dos flores espinosas,
dos caballos galopando sin jinete.

Tus manos, mujer, que son mías;
quiero gritarlo como un profeta,
ocultarlo quizás como un mendigo.
En ellas deseo la muerte cada día
desecho en el llanto de las caracolas.
Quiero morir en la noche de los pájaros
que azotan la mirada de los dioses.
Quiero sepultar en tu cuerpo las manos mías
y que sientan como dos cadáveres
el fuego de todos tus infiernos.
Ah, tus manos, mujer, nacieron desnudas
y temblaban.

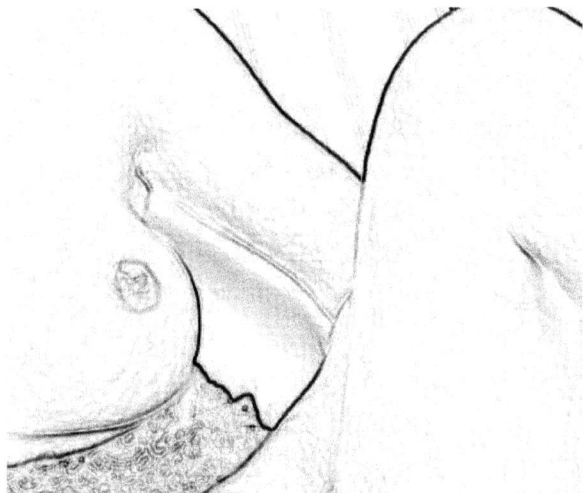

Cinco

Perdida como tú está la noche
y abandonada en la lentitud de mi alma.
Se que estás viviéndome
al otro lado de los árboles lejanos.
Pero no importa que allí estés apretada,
pisoteada por el caballo del amor,
si en el centro mismo de la ausencia
nuestro deseo arde como un querubín del
fuego
y galopa bajo la lluvia de estos días.

Perdida como tú hay tantas cosas
y tantos besos que mueren
porque otra boca no los recoge;
y las hojas del árbol del pensamiento
de donde, a veces, nos caía una verdad a las
manos.

24

Perdida entre las maderas del sentimiento
arden estas horas implacables
mientras yo me revuelco por el universo
entre las espadas de la furia
para caer en el planeta de los olvidos.

Mujer, aunque mires al cielo con mis ojos,
al llegar el día a sus orígenes, esta noche
estará perdida como tú.

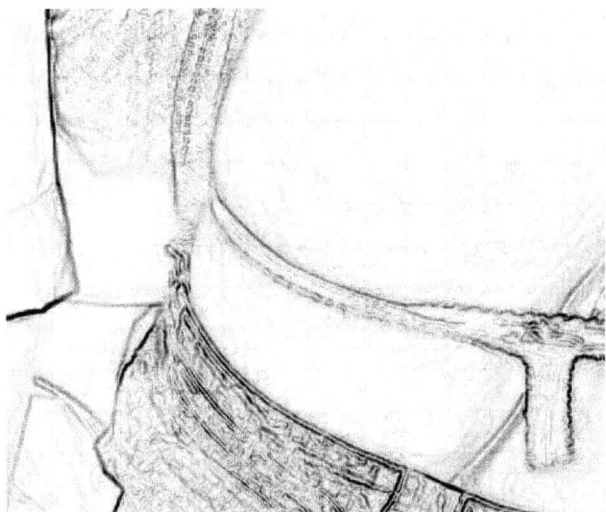

Seis

Cuando esté yo sintiendo en mis brazos
las sombras tuyas del cuerpo
recuérdame que un día me nació
una rosa pequeña entre los dedos
y me arrastró con su voz de sangre
hacia donde el aire cantaba.

Recuérdamelo entonces, mujer,
pero a los vientos dile hoy
que estoy durmiéndome desnudo
en los océanos de la soledad
y despierta tú a la muerte
que está creciéndome como la luna
en los brazos de la noche.

Ah, la vida mía.
Los brazos de la noche
están clavándome todas las estrellas
en las paredes del corazón.

Todo canta hoy. Lo más terrible
que vivió entre los hombres;
la estrella que se nos cayó encima
hundiéndonos en el silencio para siempre
y la carne de nuestros labios
que nos guarda las palomas del cielo
en una campana de saliva.

Recuérdame entonces, mujer,
y arráncame de los sueños la rosa
pero hoy, mujer mía,
quiero que me lo digas;
grítame tan sólo que no estoy muerto.

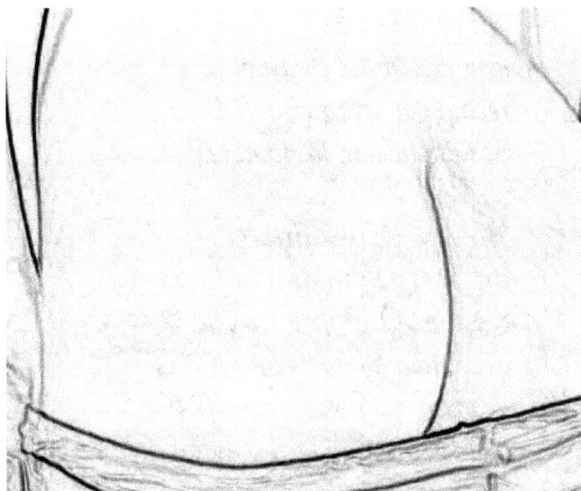

Siete

Por ti, soledad,
mueren las rosas
esta noche.

Mi canto está
a la mitad del camino
recogiendo un ramo de luna
para bendecir tu nombre.

Hoy quiero añadirle
un poco de sangre a la tierra
o ser la invisible antorcha
que encima de tus ojos
descubre una campana de luz
con el sonido y la fertilidad de una vida.
Por ti, soledad,
hermana del verso libre
que corretea por este mundo
cantando las desgracias y las alegrías
y el amor de los hombres,
subo por las cuerdas del viento
para consagrar contigo
el beso de dos bocas.

Pero hoy, soledad,
traes vacía tu canastilla
y no tienes flores en la boca
pero puedes quedarte a mi lado,
darme tus manos de fuego
y subir conmigo a este tren
que en cada vagón guarda
los ojos de una estrella.

Por ti, soledad,
por los hombres que me dan la vida,
por el cuerpo de una mujer
tengo los secretos del agua
para descubrir tu cara de reina
y ofrecer al mundo tu sacrificio
en los altares del amor.

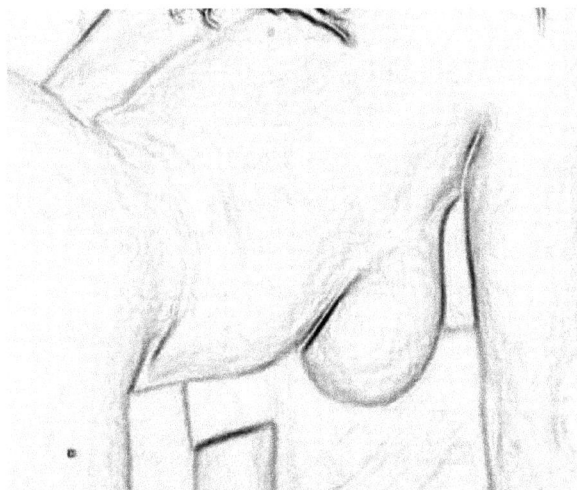

Ocho

Ven a mi reino
pequeña diosa de la vida
y engendra un hombre
con las manos hechas de fuego.
Más allá de los paisajes
que por el cuerpo tienes
se oye una boca de oro
haciendo para ti, un puente de gritos.

Ven mujer. A cada paso tuyo
le pondrás un solo nombre;
y cuando veas un hombre que reza
pregúntale por qué cierra los ojos.
Acaso en la divina oscuridad
haya otros dioses diferentes
a los que te persiguen la carne.

Yo te espero en mi palacio.
Aquí lucha el amor
matando el tiempo con amapolas.
36

Hay un cuerpo que en la soledad
cruza los pasillos del deseo
arrastrando con su larga cadena
un corazón esclavo de la luz,
y que desnudo ya de la piel
sigue cantándole a la muerte.

Oh, tú, luz entre las luces,
tus arcas están llenas
de las verdades que tenía el aire.
Oh, diosa de la noche y los ríos,
mineral del ágata y las violetas.
En tus labios se rompe el alba
en todas las mitades salomónicas.

Este reino tiene un tesoro
y en cada estancia mil guardianes
te esperan para dormirse contigo
entre los senos de una rosa.

Tú llegarás como el vino,
como las aguas de oro
donde se bañan los dioses
y bajarás, ebria del amor,
hasta romperme con tus cabellos.

Oh, tú, amapola del sueño,
dormida siempre en aquel extraño salón,
adorada por el lago de mis ojos.

Oh diosa del sol y la tierra,
quisiera enseñarte las garras de la esfinge
o celebrar hoy, el beso de nuestras bocas.

Ven aquí mujer.
Soy yo, el dios de tu cuerpo.

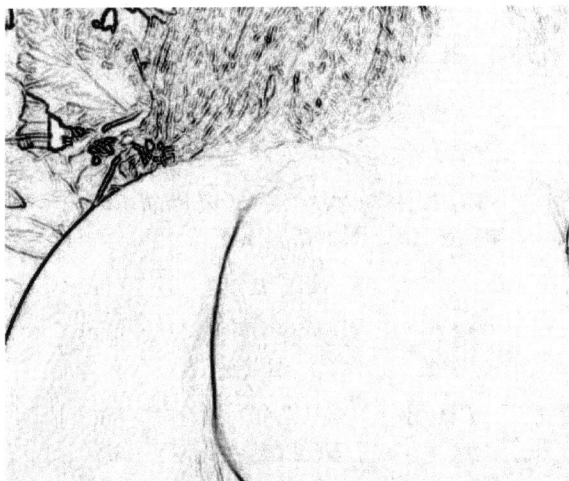

Nueve

Llegué, amor, a ti
cuando la claridad del día
descubrió el corazón de mis huellas.

Y vi yo, entonces,
las rosas de la madrugada
reventar de pálidas sobre tus mejillas.

Las palomas olvidadas
en la cima de los cuerpos,
las mensajeras de la noche,
nos traían al valle de las alcobas
el nuevo canto de las aguas
que nos venía súbitamente a los ojos.

Eras tú, entonces, un aspa desnuda
y tu simple corona me despertaba
el eje de la sangre.

De tu jardín respiré
la sustancia de las hojas destruidas.
42

Surgió de tu espesura
el color de los carnavales
y el negro vástago de la piedra
que apuñaló con flores
la oculta caverna de la vida.

Rodamos por el oro de la mañana
más ausentes que un vidrio,
y cayó de los cielos un pájaro herido
cuando los niños abandonados
gritaban tirados por los suelos.

En los vientos busqué entonces la luz
y en un manantial,
que nos estaba ahogando,
oí el rumor del aliento en la soledad de las
bocas.

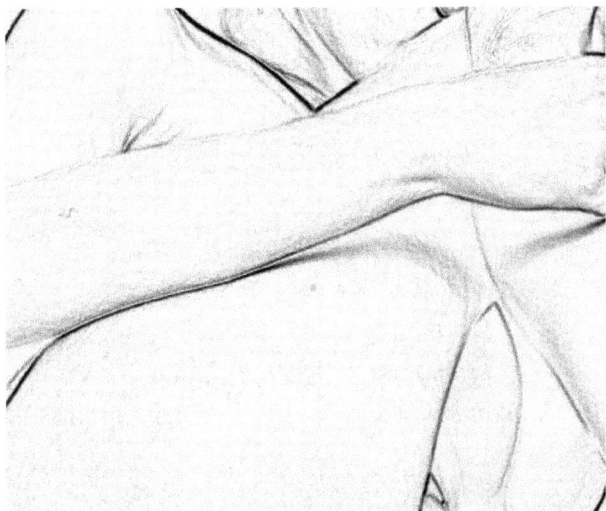

Diez

Las manos me piden que cante hoy
el himno de las ausencias,
el lamento de los ojos olvidados
en ese rincón de la nube
donde yo, a veces, te subía.

Ah, la vida. Pero tú bien sabes
que acechando está una fiera negra
cada una de las palabras,
y se enreda, sube y las golpea
con el corazón nuestro de las lágrimas.

Ya lo ves. Todo vuela y nosotros
engordamos la tranquilidad del poema
cuando los versos están distantes.
Te pienso desnuda, y así lo quiero
y así lo quieren mis paredes
de luto o temprana fiesta
porque muriendo y viviendo estás
en un trozo de la materia sagrada.

Debo nombrarte la lejana, mujer,
o tal vez la hija del fuego
o tal vez tenga que vivir en ti
el sueño de las medias abandonadas.

Ah, la vida. Serás tal vez
aquello que desea la noche
o esto que vive en un relieve
de sudor y trapos muertos.

Y si acaso en la oscuridad,
en el clima de las estrellas profundas
de golpe tu boca se me quedara seca
o te cegaras de una extranjera luz,
sábelo bien, tú, la vida mía,
que alguien te siente al otro lado
de los kilómetros, la tierra y el viento
y duerme ya, solitario
como un planeta.

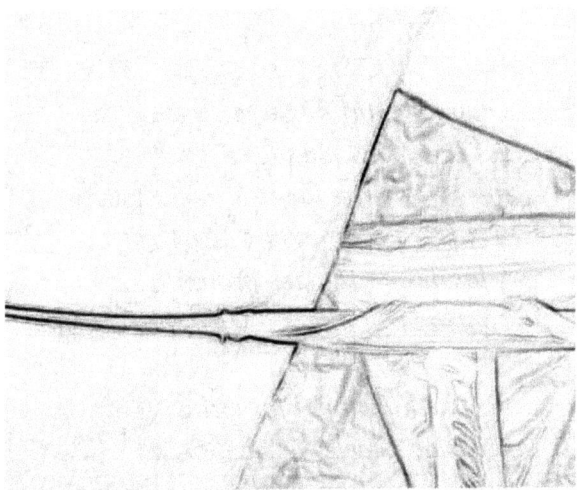

Once

Oigo una sinfonía a mis espaldas.
Es el aire del mundo
que pasa entre las rejas de la soledad
y enfría un corazón y quema otro
y los despierta o los precipita
contra las grandes puertas de la melancolía.

Es que huyen por los cielos
miles de ángeles a caballo
que desarrollan el galope de los sueños
y levantan polvaredas de sombra
por los caminos de la esperanza.

Son las espadas de la libertad
que luchan con la muerte
en esa eterna batalla.

Doce

Hoy me he vestido de la blanca luna
que a veces se quitaba su manto de púrpura
y lo colgaba en los cipreses del campo
donde residen las viejas muertes.

Salté por encima de las tumbas
y a mi cabeza emigraron las almas
de los ladrones, las prostitutas y los niños.

Oí cómo reía la muerte
y yo reí con ella a grandes carcajadas.
Hoy me sedujo la muerte
con los grandes senos hinchados
y hemos hecho el amor
sobre el panteón de los mármoles.

La muerte subió a los cielos
con su gigantesca cabellera desmelenada
y como una bienacariciada reina de los
deseos
me miró las manos y otra vez me reí,
y más que nunca,
porque los ojos se me iban
hacia la gruta de las estrellas diabólicas.

Herida, la muerte estaba aullando
tumbada encima de la luna.
Un jinete blanco la golpeó
con el falo de su caballo.
Y cayó la muerte hacia el sol
y de sus venas nació el crepúsculo.

Se estaban cumpliendo las profecías:
Subirá a los cielos la muerte
cuando el sexo de los hombres
haya sometido a su reinado
el manto blanco de la luna
y un jinete llegará desde la noche antigua
con un racimo de uvas en las manos
tocándonos con su arpa blanca
la fresca canción de los silencios.

Hoy me he vestido de púrpuras
para alejarme con la muerte
hacia donde no llegan los caminos.
He visto el jardín del mármol
donde un anciano caminaba
al ritmo de la melancolía.

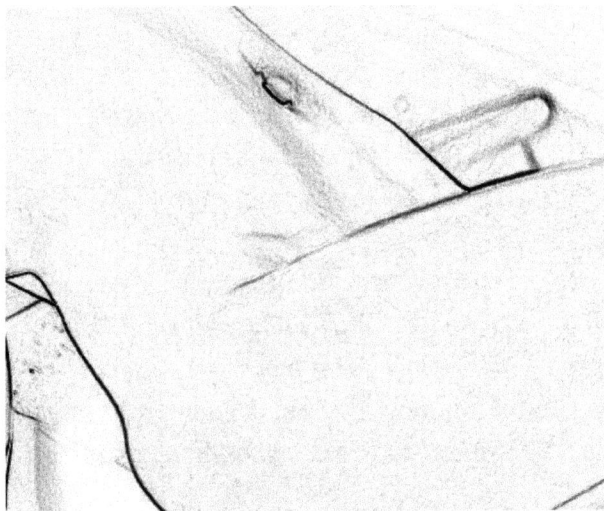

Trece

Llevaré mi boca viajera
hacia las sombras de tus carnes
para desatar contra las cenizas
algo distinto al fuego.

Romperé una flor cada día
como un sacrificio hacia los cielos;
para tener como incienso tu aroma,
para vivir cada día como rey,
a morir cada día como un negro animal.

Bailaré la danza infernal de las piedras,
forjaré para ti una flor desconocida
y tú subirás como una cuerda hacia mí,
hacia las cosas como un cristal delicado
que dejó su dureza olvidada
tal vez a la mitad del tiempo.

Y luego estaré esperando. Siempre lo hago;
espero cada instante de esplendor,
acecho incansable entre las sombras,
y si la flor de los enigmas
quiere despertarme los órganos,
me cierro los ojos como una bestia
que está conociendo la muerte.

Siempre lo hago. Mi boca siempre espera
la leve sinfonía de tu lengua.
Mi voz nace en tus oídos;
mi propio cuerpo vive en tu alborada
derramándose como un rugido,
como un agua de las tinieblas salvajes,
como un relámpago que en su huída desde
los cometas festeja tu figura de aspa
dormida.

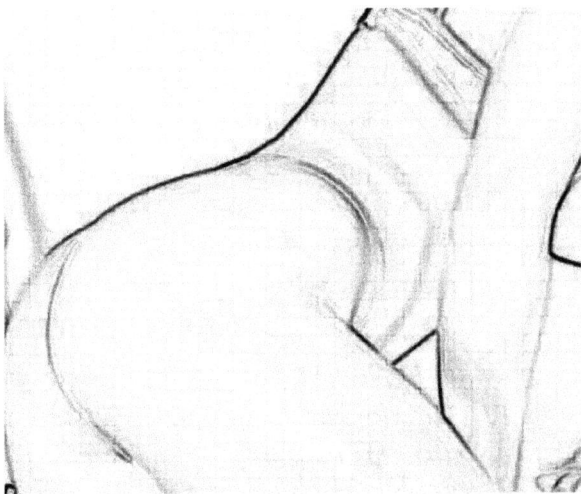

Catorce

He forjado las cadenas con los versos.
Canté a la noche solitaria.
Fui el marinero de las aguas salvajes
y me han crecido piedras en las manos.

Esto soy. La bestia negra
que se come algo de la poesía.
Su forma, su esqueleto, su arte.

He profanado, en nombre de mi vida,
todo aquello que de los grandes hombres
deseaban las mujeres que yo amé
y al final, de mi mismo,
brota el manantial de los versos,
olvidados entre los campos de la ira,
que en mi niñez labraba la soledad.

Esto soy, llevo como estandarte
los labios de una mujer.

Llego al fondo de mis océanos
y encuentro el navío de los sueños
que se hundió en las aguas
queriendo emerger hacia las estrellas
dejando atrás el cáliz de los dioses.
Pero hay siempre una aureola negra
que abrasa la noche de los muertos
y hacia el amor me remonta
y allí siempre me espera
la hembra del sol.

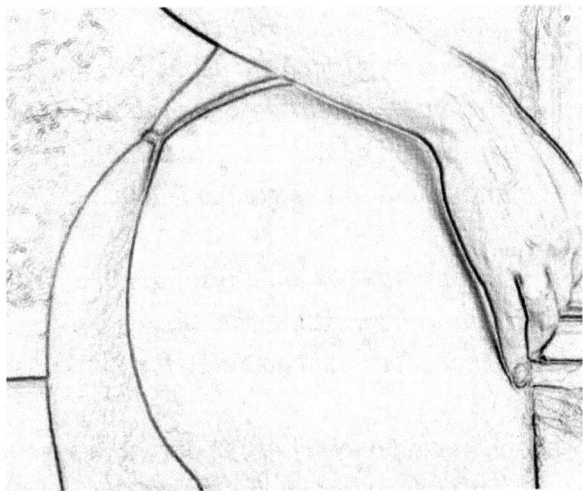

Quince

La luz del mundo está en tus ojos
y tienes la misma cara del alba.
Hoy puedes llorar de la amargura
porque allí donde se nos cae el sol
ardiendo está una ciudad lejana.

Llora porque tu alma inspira a la
melancolía y esta noche, tú,
adoptas la forma de los astros.

Mírame, soy yo el que te aprieta las manos.
Soy el de nunca, el de siempre, el que tú
sabes, semejante al hombre que concebió
la piedad consumiendo lo justo
en los labios de la noche.

Mujer, no detengas las sombras
en tus carnes porque también yo
nací de la mujer.

68

Mírate las manos.
Soy yo el culpable de su forma
porque están condenadas a sufrir mi cuerpo
y alego en nombre de nuestras vidas
que distinguí el decreto en medio de la luz,
que alrededor de nuestro fuego
tiritan los cimientos de las esperanzas
y que hoy, desnuda como la noche,
estás llegando desde la ausencia
con la infinita verdad
que como un día nuevo
yo, mujer, te dedico.

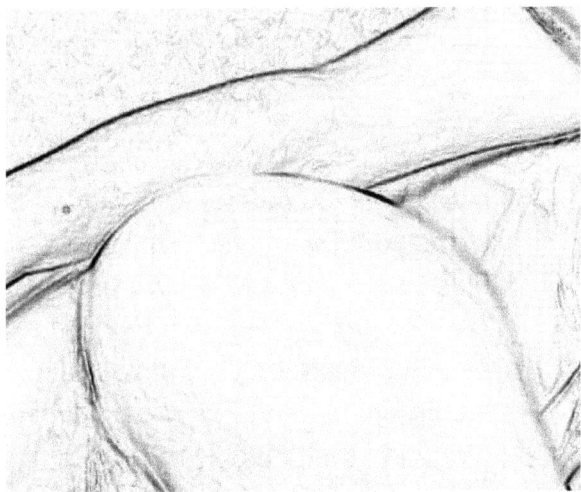

Dieciséis

Veo las fuerzas abatirse ciegamente
encumbrando las cenizas de las almas,
la feroz estela de los días escondidos
que largamente aguarda y desespera.

Me acompañan los espejos ausentes
creciéndome como el humo en los caminos,
cayendo de golpe en los sueños
vacilando en las paredes inmensas
de la muerte.

Oigo derramarse el aullido de las vidas
ocultándome las grutas bestiales y
desgraciadas y de frente,
como los genios del valor,
vuelo a las duras sombras de la soledad.

72

Entonces me llaman los ojos derretidos,
me buscan las manos
sumergiéndose en el barro.

Necesito la paz de las tormentas.
Me apoyo como siempre en las caídas
de los puñales evidentes y destruidos
arrastrando conmigo la amarga cometa
de los alientos fingidos e interminables.

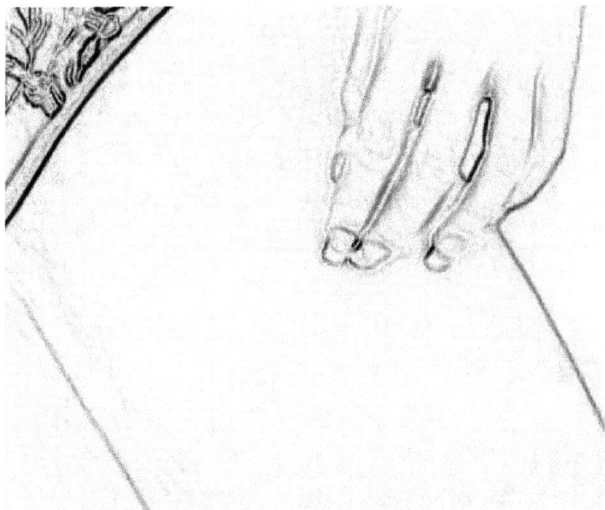

Diecisiete

Cuando esté yo sintiendo en mis brazos
las sombras tuyas del cuerpo
recuérdame que un día me nació
una rosa pequeña entre los dedos
y me arrastró con su voz de sangre
hacia donde el aire cantaba.

Recuérdamelo entonces, mujer,
pero a los vientos diles hoy
que estoy durmiéndome desnudo
en los océanos de la soledad
y despierta tú a la muerte
que está creciéndome como la luna
en los brazos de la noche.

Ah, la vida mía.
Los brazos de la noche
están clavándome todas las estrellas
en las paredes del corazón.

Todo canta hoy. Lo más terrible
que vivió entre los hombres;
la estrella que se nos cayó encima
hundiéndonos en el silencio para siempre
y la carne de nuestros labios
que nos guarda las palomas del cielo en una
campana de saliva.

Recuérdamelo entonces, mujer,
y arráncame de los sueños la rosa
pero hoy, mujer mía,
quiero que me lo digas;
grítame tan sólo que no estoy muerto.

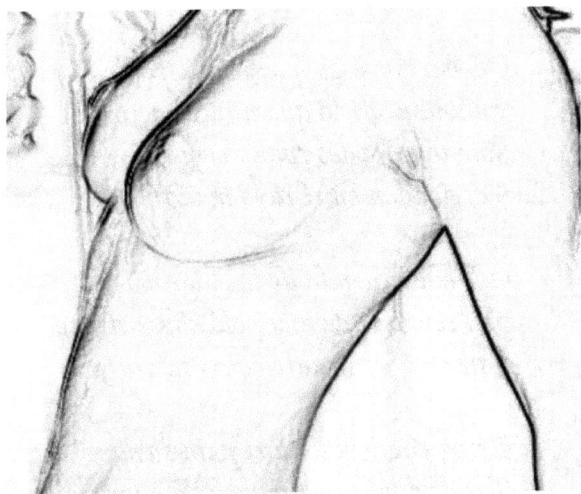

Dieciocho

Quema mis ojos, pequeña estrella de plata,
y háblame de lo que nunca vieron.
Sólo los ángeles caen del fuego
y ascienden en el rayo muerto de las almas.

Oye el estruendo de las lágrimas,
pon semillas de amapola sobre el pan
y siente ciegamente como siento yo.

Estoy condenado a ti para siempre.
Tus demonios me revuelcan a los cielos
y mis ángeles, que no imploran,
corren, vuelan, te seducen.
Están muriendo para todo.

Dales tus ojos, pequeña estrella de plata,
cuando rompa el silencio, para ti,
las constelaciones del universo.

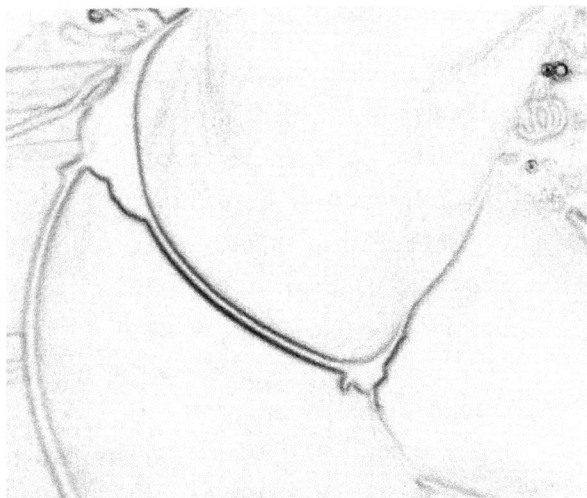

Diecinueve

Mujer, nuestro pueblo está desnudo;
crece en los arroyos y salta
la soledad que entre los juncos ha nacido.
Desde el monte de las verdades
rueda hacia los hombres
el ejército de todos los tiempos,
apresado en una vasija de barro.

Yo estoy aquí, esperando
a que germinen las semillas de las amapolas
que juntos, tú y yo, sembramos
eh el profundo agujero de nuestras huellas.
La ausencia va arrojándome
hasta la piedra de los recuerdos
y tendido ya sobre ella
en mi cuerpo se acomoda la noche
como mis manos lo hacían siempre
sobre la plenitud de tus senos.

Me llegan los versos que se ocultaron
debajo de nuestro lecho blanco
cuando luchábamos nosotros, vida,
para detener el anillo de los sueños.

Has caído de nuevo en la hoguera
donde arden las voces del mundo
que mis brazos atraparon
para ofrecerte sus cenizas.

Quisiera llenarte los oídos
de todos los cantos de la dulzura
y decirte que hoy,
la ventana de la luna,
está entreabierta en la noche del universo
y desde su alba lejana están llegándome
todos los versos que hacia ti embarqué
por el río de los olvidos,
todos aquellos que se hundieron
en las aguas de la melancolía
y encuentran de pronto la salvación
en las angustias de una sola noche.
Los que tú y yo, mujer,
bebimos en la fuente cuando gritaba el deseo
atrapado entre nuestras voces.

Y tú, la vida mía,
qué canto esperas en esta hora
en la que los astros se reúnen
y nos ofrecen sus terribles melodías.
A quien salpicarán tus labios
con las flores que en ti sembré yo;
dime si los senos se te hacen piedras todavía
cuando recuerdas la danza del fuego
que mis dedos tantas veces te bailaron.
Dime todo esto, dímelo todo,
porque esta es la única manera
en que puedo tenerte esta noche.

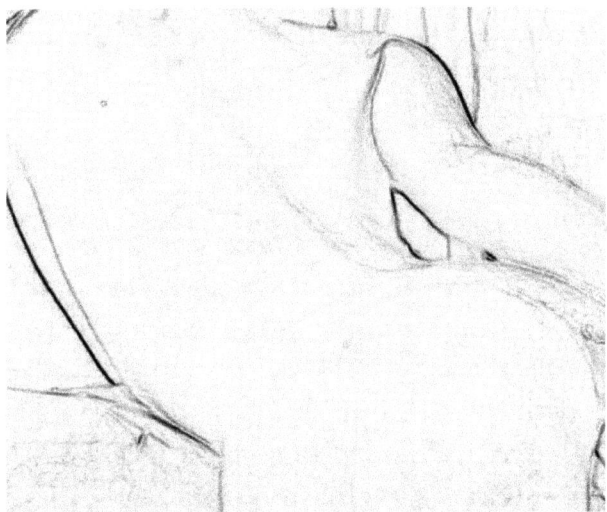

Veinte

El perro hambriento me muerde las
entrañas. Ah, desplomado el lago de mi
sangre.

La vida se me va.
La vida se me va de golpe.
Tú, mujer, ayúdame porque hoy
se me rompe en dos la carne.

Créeme hasta los pájaros más lejanos
que vine yo, aquí,
a sentir el gran aullido del lobo
que atraviesa la cara de los niños.

90

Corre, atrapa el gusano
que quiere morderme las piernas
y deja tú vivir las flores.

Está en mis propios huesos.
Perro, animal, gusano.
La flor está en mitad de los ojos.
La agonía de sus dientes
y el negro color de su cuerpo
se me están ahogando
en las aguas del bautismo.

Muérdeme en las mismas entrañas
y olvídame como quiero yo.

Último

Es otoño y llueve
y siento húmedas las espaldas
y huele a tierra mojada.

Camino por las calles.
Soy viajero en mi pueblo
y en mi casa peregrino.

Viajero por los patios
como un gato solo.

Las rosas no están
pero sí los rosales.
Los árboles deshojados
parecen esqueletos que resucitarán
en otras primaveras.

Las almas, húmedas del otoño,
se esconden tras las cortinas
como pudorosas mujeres
sedientas de todas las cosas
y de todo sedientas e impacientes.

Parecía tan lejos octubre
y ha llegado volando
como un buitre solitario
en mitad del otoño.

De golpe nos ha llegado
y se ha quedado aquí,
en mitad del alma,
para poner las hojas secas
debajo de los pies,
sobre los muertos,
sobre su torso antiguo
lleno de barro.

Las mismas hojas
que el agua se llevará un día.
Un día, como hoy,
navegando por los arroyos.

Las vidas son hojas que se caen
y entonces quedan los recuerdos
como esqueletos desnudos,
inalterables, fríos, para siempre.

A este otoño le faltan hojas.
Hojas como vidas que se cayeron
y que dieron color y vida
a muchas primaveras.

No le sobran hojas.
Están todas en el suelo frío,
bajo los pies
crujiendo y mojadas
sobre los muertos.

Fin

Poemas del amor y la muerte

Francisco José Pozo Cabello

Ilustrado y editado en Cartaojal por
José Angel López Pozo
Año 2006

www.ingramcontent.com/pod-product-compliance
Lightning Source LLC
Chambersburg PA
CBHW060124050426
42448CB00010B/2013